AF272625

Markus & Susana Kessler

# GEHEIMNISSE AUSSERGEWÖHNLICHER BEZIEHUNGEN

Bibliografische Information der Deutschen Nationalbibliothek:
Die Deutsche Nationalbibliothek verzeichnet diese Publikation
in der Deutschen Nationalbibliografie; detaillierte
bibliografische Daten sind im Internet über http://dnb.dnb.de
abrufbar.

www.beziehungsakademie.online

Herstellung und Verlag: BoD – Books on Demand, Norderstedt

ISBN: 978-3-7578-1556-1

# Inhaltsverzeichnis

# Wozu dieses Buch?

Immer wieder fragen uns Menschen, warum unsere Beziehung so glücklich ist. Was wir tun, damit wir nach 25 Jahren immer noch gerne zusammen sind.

Das hat uns motiviert, unsere Beziehung genauer anzuschauen und aufzuschreiben, was wir anders machen als viele andere Paare, bei denen es nicht so gut läuft.

Unsere Erkenntnisse haben wir in diesem Buch zusammengefasst. Auch wenn unsere Empfehlungen sehr allgemein gehalten sind, sollten sie doch für alle interessierten Leserinnen und Leser nützlich sein.

Natürlich kann es kein individuelles Coaching ersetzen, doch es kann einen Beitrag dazu leisten, mehr zu verstehen, was im zwischenmenschlichen Bereich alles abläuft und warum sich manche Beziehungsmuster jedes Mal von Neuem wiederholen.

Wir wünschen nun also gute Unterhaltung und viele hilfreiche Erkenntnisse.

Susana & Markus Kessler

*Die meisten Menschen sind in etwa so glücklich,*
*wie sie es sich selbst vorgenommen haben.*

Abraham Lincoln

# 1. Was du bisher über Beziehungen gelernt hast

Als du zur Welt kamst, warst du noch ein vollkommen unbeschriebenes Blatt. Dieses wurde dann nach und nach mit Inhalten gefüllt. Auch in Sachen Beziehungen. Alles, was du bis jetzt über Beziehungen gelernt hast, hast du entweder von anderen Menschen gelernt oder aus eigener Erfahrung.

## 1.1 Wo hast du gelernt, was du über Beziehungen weisst?

In deinem Leben als Kind hast du das meiste von deinen Eltern gelernt. Du hast sie beobachtet, wie sie im Raum herumgehen, während du nur am Boden liegen oder kriechen konntest. Also hast du dich aufgerappelt und hast auch versucht, herumzugehen. Und nach gefühlten Tausend Versuchen hast du es dann geschafft, einmal quer durchs Wohnzimmer zu gehen, auf wackligen Beinen. Und deine Eltern haben dir vermutlich dabei zugeschaut und dich gelobt und ermuntert.

Auch beim selbstständigen Essen war das so, beim Schuhe Zubinden. Und dann bist du irgendwann in den Kindergarten und danach zur Schule gegangen. Dort hast du rechnen und schreiben gelernt.   Von den

Lehrern, von den Mitschülern und auch wieder zu Hause mit den Eltern oder deinen Geschwistern.

Aber wie war das mit Partnerschaft und Beziehungen? Wo hast du das gelernt?

### 1.1.1 Eltern

Das meiste hast du natürlich von deinen Eltern gelernt. Versuche dich mal daran zurück zu erinnern an deine Zeit als Teenager. Damals hat das angefangen damit, dass du Beziehungen als solche wahrgenommen hast und auch etwas darüber herausfinden wolltest. Du hast also deinen Eltern zugeschaut, was sie miteinander gemacht haben.

Du hast beobachtet, wie Papa als Ehemann funktioniert. Er war vielleicht die meiste Zeit nicht zu Hause, aber hat viel Geld verdient. Und wenn er dann da war, war er zu müde, um noch mit dir zu spielen. Er hat sich mit einer Flasche Bier vor den Fernseher gesetzt, hat die Nachrichten geschaut und vielleicht noch ein Fussballspiel und ist dann schlafen gegangen. Dies war dann das erste Idealbild eines Ehemanns, das dir begegnet ist. Darauf baut also deine Vorstellung auf, was ein Ehemann tut oder lässt. Und mit dieser Vorstellung bist du dann hinaus in die Welt gegangen und hast dir einen Ehemann gesucht oder bist selbst ein Ehemann geworden.

Auf der anderen Seite hast du beobachtet, wie Mama als Ehefrau funktionierte. Sie hat gut und reichlich gekocht, war immer zu Hause, hat dafür aber kein Geld verdient. Sie hat immer hinter allen her geputzt. Hinter den Kindern und ihrem Mann. Sie hat die Wäsche gewaschen und dafür gesorgt, dass im Haus alles tipptopp ist. Und natürlich hat sie sich auch um den Freundeskreis gekümmert, hat immer wieder die Freunde eingeladen, damit die Freundschaften nicht zu weit auseinandergehen. Und mit diesem Idealbild einer Ehefrau bist du dann hinaus in die Welt gegangen und hast dir eine Ehefrau gesucht oder bist selbst eine Ehefrau geworden.

Genau von solchen Rollenbildern kommt es her, dass im Volksmund gesagt wird, dass die Tochter jeweils eine Kopie ihres Vaters heiratet, und der Sohn eine Kopie der Mutter. Vielleicht war das ja bei dir auch so?

### 1.1.2 Verwandte

Auch bei anderen Verwandten hast du vielleicht solche Beispiele gesehen und in dein Verständnis von Partnerschaft aufgenommen. Onkel Otto und Tante Luise, die erst heirateten, nachdem sie 20 Jahre zusammen gelebt haben, und dann zwei Jahre später wieder geschieden waren. Die grosse Schwester, die alle paar Wochen einen neuen Freund mit nach Hause brachte. Und dann der Bruder, der gar nie eine Freundin zu Hause zeigte. Vielleicht auch die Patentante mit ihrem Mann, die sagten, sie seien nur so glücklich, weil sie keine Kinder haben.

Wenn deine Beziehung zu einem Verwandten besonders stark war, hast du vielleicht diesen als Vorbild genommen und entsprechende Männer oder Frauen angezogen.

### 1.1.3 Menschen aus Büchern oder Filmen

Wir haben in der Kindheit viel gelesen. Und natürlich haben wir dort auch unsere Helden gehabt. Vielleicht kennst du auch aus Büchern deine Ideale? Oder aus Filmen? Da sind Männer manchmal rau und gewalttätig oder gefühlvoll und traurig oder unbeholfen und tolpatschig usw. Frauen sind vielleicht lasziv und erotisch oder schüchtern und unberührbar oder gebildet und distanziert oder auch ganz anders. Hast du vielleicht ein Idealbild aus einem Buch oder einem Film für dich entdeckt?

Tatsächlich verlieben sich Menschen oft nicht in die Schauspieler, sondern in bestimmte Rollen dieser Schauspieler. Aber trotzdem schwärmen sie dann für diese unerreichbar weit entfernte Person, als ob das wirklich realistisch sein könnte.

## 1.2 Was du in der Vergangenheit über Beziehungen gelernt hast

Wenn wir mit Menschen arbeiten, fragen wir sie immer danach, was sie über Beziehung gelernt haben. Viele können das allerdings nicht direkt benennen. Wir nutzen dafür einen Trick, um herauszufinden, was sie über Beziehungen wissen. Wir veranlassen sie dazu, sich umschauen in ihrem Beziehungsleben. Sie berichten, was sie sehen, wie ihre Beziehungen funktionieren – oder nicht funktionieren.

### 1.2.1 Dein Verhalten in Beziehungen

Schau dich um in deinem Leben, insbesondere deine Beziehungen. Wie sind sie?

Sind sie verbindlich?

Sind sie liebevoll?

Wie verhält sich ein Mann in der Beziehung?

Wie verhält sich eine Frau in der Beziehung?

Wer hat Geld? Wer nicht?

Wenn du genau hinschaust, dann kannst du Muster erkennen. Vielleicht sogar solche Muster, die sich in allen deinen vergangenen Beziehungen wiederholt haben. Vielleicht war es immer so, dass nur der Mann über Geld verfügte und die Frau immer pleite war. Oder umgekehrt. Oder die Frau wollte immer über Gefühle reden, der Mann war nie zu Hause.

Wenn du nun Muster erkennst in deinem Leben, und dir diese Muster vielleicht nicht gefallen, dann haben wir eine gute Nachricht für dich: Du kannst diese Muster ändern. Du kannst dir ein Muster vornehmen und dir sagen: «Das möchte ich jetzt nicht mehr so, sondern so: … »

Nur leider geht das nicht ganz so einfach. Dieses Muster hat sich ja über lange Jahre in deinem Unterbewusstsein eingegraben. Deshalb brauchst du jetzt auch etwas Zeit, um es zu verändern. Du kannst also diesen Satz jeden Tag einmal sagen. 90 Tage lang. Dann kannst du dieses Muster dauerhaft verändern. Das funktioniert. Und falls du lieber eine andere Idee hättest, in unserem Programm haben wir noch viele andere Methoden zur Verfügung, um solche Muster neu zu programmieren.

## 1.2.2 Das Verhalten deines Partners / deiner Partnerin

Auch das hast du unbewusst in dein Leben gezogen, indem du dich an deinen Vorbildern orientiert hast. Wenn dich also ein Partner schlecht behandelt, dann hast du vielleicht in der Vergangenheit dies beobachtet und unbewusst als «Idealbild» gespeichert. Deshalb hast du genau diesen Partner in dein Leben gezogen.

Vielleicht wurdest du betrogen. Auch hier müssen wir dir leider sagen: Das hast du selbst in dein Leben gezogen. Du hast einen Mann oder eine Frau in dein Leben gezogen, der/die dich betrügt. Vielleicht hast du das auch in der Vergangenheit erlebt. Dies kommt oft vor bei Scheidungskindern, deren Vater fremdgegangen ist und die Eltern sich danach getrennt haben. Mädchen, die das erlebt haben, suchen sich in ihrem eigenen Erwachsenenleben oft einen Mann, der ihrem Vater ähnlich ist, und unter Umständen auch dieses Fremdgehen praktiziert.

Deshalb lohnt es sich, einmal genau hinzuschauen. Was war in allen deinen vergangenen Beziehungen gleich? Welches Verhalten des Partners / der Partnerin hast du immer wieder beobachtet? Da liegt vielleicht etwas in deiner Vergangenheit begründet, das dich unbewusst    solche    Menschen    anziehen    lässt.

### 1.2.3 Glaubenssätze

Alle diese Muster lassen sich unter dem Titel Glaubenssätze zusammenfassen. Damit meinen wir feste Überzeugungen, die sich so tief in dein Unterbewusstsein eingegraben haben, dass du nie daran denkst, sondern diese sich einfach immer wieder in deinem Leben manifestieren.

Das könnten sein:

- Männer wollen immer nur das Eine.

- Männer sind unzuverlässig.

- Männer arbeiten viel.

- Männer haben viel Geld, aber sind nie da.

- Männer schlagen ihre Frauen.

- Männer trinken Bier und schauen Fussball.

- Männer betrinken sich mit ihren Kumpels.

Ergänze hier noch selbst:

- Männer …

- Männer …

- Frauen wissen weniger als ihre Männer

- Frauen arbeiten nicht, sondern kümmern sich um den Haushalt

- Frauen haben kein eigenes Geld

- Frauen trinken immer Wein.

- Frauen wollen immer nur reden.

- Frauen shoppen die ganze Zeit.

- Frauen quatschen stundenlang mit ihren Freundinnen.

Ergänze mit deinen eigenen Ideen:

- Frauen …

- Frauen …

Sobald diese Glaubenssätze gefunden sind, gilt es, die hilfreichen zu übernehmen und die hinderlichen durch neue zu ersetzen. Das ist im Grunde nicht sehr schwierig. Es braucht lediglich Achtsamkeit und Ausdauer. Einen Glaubenssatz zu verändern braucht 60 – 90 Tage tägliches Üben.

## Affirmationen

Ein mögliches Mittel dazu sind Affirmationen. Das sind kurze, positiv formulierte Sätze, die eine Überzeugung – eben einen neuen Glaubenssatz – enthalten und jeden Tag für mindestens 5 Minuten laut ausgesprochen werden. Damit lassen sich gute Ergebnisse erzielen. Die grösste Schwierigkeit ist es, wirklich 90 Tage lang dranzubleiben und jeden Tag seine Affirmationen zu sagen.

Wir empfehlen dir, deinen Fortschritt zu überprüfen. Du kannst beispielsweise ein Tagebuch führen, in dem du jeden Tag deine Affirmationen notierst. Oder du nutzt eine App, die dich daran erinnert und dir vielleicht sogar Inspirationen gibt. Oder du lässt du dich von jemand begleiten, dem du regelmässig von deinen Fortschritten berichtest.

In unserer Erfahrung hat sich gezeigt, dass es unmöglich ist, regelmässig zu trainieren, ohne ein Trainingstagebuch zu führen. Deshalb arbeiten wir seit jahren mit einer kleinen Taschenagenda, in der wir alle unsere Affirmationen notieren. Darüber hinaus vermerken wir dort auch Einsichten und Ziele, die wir erreicht haben. Somit haben wir auch eine Erfolgskontrolle. Und weil wir das so tun, können wir mit gutem Gewissen behaupten: Affirmationen funktionieren!

## 1.3 Wie viel du bisher über Beziehungen gelernt hast

Vielleicht ist dir inzwischen aufgefallen, dass deine Erfahrungswerte in Sachen Beziehungen noch nicht so umfangreich sind. Da war die Beziehung deiner Eltern, die du beobachtet hast. Dann noch ein paar Freunde, die du gesehen hast. Und dann noch ein paar eigene Partnerschaften, die du erlebt hast.

Die meisten Menschen kommen so im Laufe ihres Lebens auf rund 10 Erfahrungen aus Beziehungen. Verglichen mit den gefühlten Tausend Versuchen damals beim Laufenlernen, ist das unglaublich wenig. Kein Wunder also, dass du noch nicht wirklich weisst, wie das geht: eine Partnerschaft aufbauen. Dabei ist das etwas vom Schönsten, was du überhaupt tun kannst.

## 1.4 Wozu du eine erfüllende Partnerschaft brauchst

Der Mensch ist ein soziales Wesen. Schon zu Urzeiten haben sich Menschen immer zu Paaren zusammengeschlossen und Familien gegründet, die dann auch wieder zusammen blieben. Damals, als wir noch alle Jäger und Sammler waren, war das natürlich noch ganz einfach.

Die Männer gingen hinaus zur Jagd und brachten nach langer Zeit gemeinsam ein Mammut nach Hause. Das reichte als Nahrung für das ganze Dorf, sodass jede Familie ihren gerechten Anteil erhielt.

Während die Männer unterwegs waren, um zu jagen, versorgten die Frauen den Nachwuchs, hielten die Höhle sauber, das Feuer am Brennen und sammelten ein paar Beeren und Früchte im Umkreis. Damit war die Partnerschaft im Grunde eine Zweckgemeinschaft.

Heute sieht das etwas anders aus. Eine starke Partnerschaft hat viele weitere Aspekte, die sich lohnen. Wer zu Hause einen Partner hat, kann von vielen Vorteilen profitieren.

a) **Emotionale Unterstützung**
Eine erfüllende Paarbeziehung kann eine wichtige Quelle der emotionalen Unterstützung bieten, wenn man durch schwierige Zeiten geht oder einfach jemanden zum Reden braucht.

b) **Mehr Lebensfreude**
Eine glückliche Beziehung kann zu einem allgemein glücklicheren Leben führen, da man

einen Partner hat, mit dem man positive Erfahrungen teilen und geniessen kann.

## c) Verbesserte Gesundheit

Untersuchungen haben gezeigt, dass glückliche Paare tendenziell gesünder sind als Singles oder unglückliche Paare. Gemeinsam Sport zu treiben, macht einfach mehr Spass. Zudem kann sich die emotionale Unterstützung positiv auf den Stresspegel auswirken.

## d) Verbesserte finanzielle Stabilität

In einer vertrauensvollen Beziehung kann man gemeinsam finanzielle Ziele verfolgen.

## e) Persönliche Entwicklung

Man ist eher motiviert, an sich selbst zu arbeiten und persönlich zu wachsen. Man kann von seinem Partner lernen und neue Perspektiven gewinnen.

## f) Höhere Lebenserwartung

Studien zeigen, dass glückliche Paare tendenziell eine höhere Lebenserwartung haben als Singles oder unglückliche Paare.

**Zusammenfassung Kapitel 1**

In diesem Kapitel hast du erfahren:

1. Was du bis jetzt über Beziehungen weisst, hast du von deinen Eltern, von Freunden und aus eigener Erfahrung gelernt. Bei den meisten Menschen ist dieser Erfahrungsschatz relativ klein.

2. Du hast Überzeugungen und Glaubenssätze über Beziehungen gespeichert und wendest diese unbewusst immer wieder an. Was du damit erreichst, siehst du, wenn du deine aktuelle Partnerschaft anschaust.

3. Wenn du etwas Grundsätzliches an deinen Beziehungen verändern willst, musst du diese Überzeugungen und Glaubenssätze verändern.

4. Eine glückliche Beziehung kann dein Leben verändern. Paare in glücklichen Beziehungen verfügen meist über mehr Geld, bessere Gesundheit und haben eine längere Lebenserwartung.

*Wünsche sind die Vorboten der eigenen Fähigkeiten.*

Johann Wolfgang von Goethe

## 2. Deine ideale Beziehung Version 2.0

Nach dem, was du bisher gelernt hast, fragst du dich jetzt vielleicht, wie denn deine ideale Beziehung aussehen könnte. Und tatsächlich ist dies auch eine der ersten Fragen, die wir den Menschen in unseren Programmen stellen.

Ordnen wir diese am besten nach den Ebenen der Dilts-Pyramide.

Gehen wir diese Ebenen einmal von unten nach oben durch. Sei hier für dich so spezifisch wie möglich. Je genauer du dir deine ideale Partnerschaft vorstellen kannst, umso grösser ist die Chance, dass du sie genau so ideal erschaffen kannst, wie du sie möchtest.

## Umwelt

Wie würde eure ideale Umwelt aussehen? Wo würdest du mit deinem Partner / deiner Partnerin wohnen? Mit wem würdet ihr wohnen? Sind da noch andere Verwandte? Wenn ja, welche? An welchem Ort würdet ihr wohnen? In einer Wohnung oder einem Haus? Habt ihr Pflanzen? Haustiere?

## Verhalten

Was würdet ihr zusammen unternehmen? Wer arbeitet wann und wie lange? Wie verbringt ihr eure Freizeit? Habt ihr gemeinsame Hobbys? Habt ihr Hobbys, die jeder für sich ausübt? Wie verbringt ihr euren Urlaub? Wie oft? Wo?

**Fähigkeiten**

Welche Fähigkeiten bringt jeder von euch in die Partnerschaft ein? Was würdest du für ihn/sie tun? Was soll er/sie für dich tun? Denke daran, dass du dies über Jahre tun müsstest und erwarten würdest; es muss realistisch sein. Dazu gehören auch die finanziellen Fähigkeiten. Wie viel Geld und Einkommen bringt jeder von euch in die Partnerschaft ein?

**Werte**

Welche Werte teilt ihr miteinander? Seid ihr politisch engagiert, wenn ja, in welcher Partei? Helft ihr gemeinsam anderen? Habt ihr vielleicht gemeinsam soziale Projekte (Achtung: die benötigen Zeit und Geld)?

**Identität**

Wie würdest du die Identität beschreiben, wenn dich jemand fragt nach eurer Identität als Paar? Und jeder einzeln? Wer würdest du gern sein? Wer sollte mit dir zusammen sein?

**Ziel & Sinn**

Wozu das Ganze? Was ist der Sinn eures gemeinsamen Lebens?

Worauf richtet ihr euch aus? Viele Kinder? Viel Geld? Viel Freizeit? Viele Reisen? Viel Abenteuer?

## 2.1 Wie du deine ideale Beziehung aufbaust?

Du hast jetzt deine Idealbeziehung skizziert und definiert. Nun geht es natürlich darum, genau diese Beziehung zu erschaffen.

Manche werden dir jetzt erzählen, dass dies schön und gut ist, dass aber das Schicksal vielleicht andere Pläne für dich hat. Dazu können wir dir aus Erfahrung sagen:

Dein Schicksal bist du selbst! Du und deine Glaubenssätze!

Das ist eine ganz wichtige Erkenntnis, die du dir unbedingt immer wieder vor Augen halten solltest. Du bist Schöpfer deines eigenen Lebens. Da ist nicht irgendwo jemand namens Gott/Universum/Schöpfer/Schicksal, der sich alle möglichen Strafen und Schwierigkeiten für dich ausdenkt. Dafür hätte er gar nicht die Zeit. Immerhin bist du eine/r von über 8 Milliarden Menschen.

Dafür hat sich dieser Gott/Universum/Schöpfer/ Schicksal etwas ganz Tolles einfallen lassen. Er hat dir zwei Arten von Verstand gegeben, einen bewussten und einen unterbewussten. Nur muss irgendwo im Laufe der Jahrmillionen leider die Bedienungsanleitung verloren gegangen sein.

Die gute Nachricht jetzt aber gleich vorweg: Es gibt eine Lösung, wie du beide nutzen kannst. Dabei musst du nur verstehen, dass beide jeweils ein Teil von dir sind. Genauso wie dein linker und dein rechter Arm Teile von dir sind. Du hast gelernt, beide einzusetzen. Einen davon vielleicht etwas besser als den anderen (man nennt das dann Links- oder Rechtshänder).

Genauso kannst du auch deinen bewussten und unterbewussten Verstand benutzen. Auch hier hast du einen, dessen Bedienung dir geläufiger ist, nämlich den bewussten. Leider ist aber der unterbewusste Teil unseres Verstandes der wichtigere Teil. Jener, der unsere unbewussten Handlungen bestimmt und uns dadurch immer wieder falsche Partner in unser Leben zieht.

Aber du kannst lernen, den unterbewussten Teil deines Verstandes zu trainieren. Das ist gar nicht so schwierig. Es braucht allerdings wie bei jedem anderen körperlichen Training regelmässige Trainingseinheiten. Wenn du einen Muskel trainieren willst, musst du in regelmässigen Abständen diesen Muskel trainieren. Du musst vorgegebene Abläufe durchlaufen, damit der Muskel stärker wird. Und wenn du damit aufhörst, wird sich der Muskel wieder zurückbilden in seine ursprüngliche Form.

Genau so läuft das auch beim Training des Unterbewusstseins. Wir können es trainieren wie einen Muskel. Und wenn wir damit aufhören, fällt es automatisch wieder in seine ursprüngliche Form zurück.

Tatsächlich hast du das in der Vergangenheit ganz automatisch so gemacht. Alles, was du gelernt hast über Beziehungen, wurde als Vorlage im Unterbewusstsein abgespeichert. Da gibt es also diese Schublade mit der Aufschrift: Beziehungen. Und immer, wenn du in deinem Leben an das Thema Beziehungen denkst, zieht dein Unterbewusstsein diese Schublade auf und schaut sich den Inhalt an. «Alles klar, so funktioniert das normalerweise», meldet es dann. Und dann wird genau das wieder in deinem Leben manifestiert.

Wenn du nun dein Unterbewusstsein trainieren willst, öffnest du diese Schublade und legst neue Vorlagen dort hinein. Ganz einfach, oder?

Nun, leider nicht. Das Unterbewusstsein räumt dort nämlich regelmässig auf und wenn es etwas findet, was dort nicht hingehört, wirft es das wieder raus.

Es hat also nicht funktioniert mit der neuen Vorlage.

Und jetzt?

Du öffnest die Schublade und legst wieder die neue Vorlage hinein.

Das Unterbewusstsein wird sie wieder entfernen.

Ihr wiederholt diesen Ablauf wieder und wieder.

Und irgendwann wird das Unterbewusstsein sich sagen: «Hmm, das liegt immer hier. Am Ende soll das hier liegen. Ich lasse das mal da drin.»

Und siehe da: Das Training hat sich gelohnt.

Für dich heisst das jetzt also: Wenn du weisst, was du willst, kannst du dies in deinem Unterbewusstsein ablegen. Dann wirst du genau das Ergebnis in dein Leben ziehen, das du möchtest. Und das war nun der einfache Teil.


## 2.2 Das Richtige wünschen

«Sei vorsichtig mit deinen Wünschen, sie könnten in Erfüllung gehen.»

Dieses Sprichwort soll dir Angst machen, doch im Kern stimmt es natürlich. Deine Wünsche *könnten* nicht in Erfüllung gehen, sondern sie *werden* in Erfüllung gehen.

Wenn du nämlich die Vorlage in deinem Unterbewusstsein entsprechend änderst, dann wird das auch in Erfüllung gehen. Darum solltest du dir jetzt schon ganz klar darüber sein, wie deine Partnerschaft aussehen soll.

Und dann kommt noch eine Schwierigkeit hinzu: Du kannst in der Schublade im Unterbewusstsein keine Vorlage einlegen mit dem Inhalt «nicht das». Du kannst also nicht schreiben: «Ich will keinen Arzt, weil der nie zu Hause ist.» Dein Gehirn speichert nämlich keine Wörter ab, sondern Bilder. Wenn du nun sagst «kein Arzt», welches Bild wird dann dort abgelegt? Natürlich das eines Arztes. Und was für eine Vorlage liegt dann in dieser Schublade? Klar: die eines Arztes. Aber halt! Das wolltest du doch gar nicht. Was kannst du jetzt tun?

Du legst ganz einfach das Bild in die Schublade, das du dir wünschst. Vielleicht möchtest du ja einen Künstler, der ist viel zu Hause. Oder einen Handwerker mit regelmässigen Arbeitszeiten. Deiner Fantasie sind hier keine Grenzen gesetzt.

**Zusammenfassung Kapitel 2**

Du hast in diesem Kapitel gelernt:

1. Kein Gott/Universum/Schicksal hat Zeit, dir Schwierigkeiten zu bereiten.

2. Du bist Schöpfer deines eigenen Lebens, also auch deiner Beziehungen.

3. Dein Unterbewusstsein steuert dein Leben.

4. Du kannst dein Unterbewusstsein trainieren wie einen Muskel.

5. Je genauer du weisst, was du willst, umso besser kannst du es in dein Leben ziehen.

*Die Seele ernährt sich von dem, worüber sie sich freut.*

Augustinus Aurelius

# 3. Dein Beitrag zu einer glücklichen Beziehung

## 3.1 … wie dich selbst

*«Liebe deinen Nächsten, wie dich selbst.»*

Dieses Zitat aus der Bibel wird leider oft falsch verstanden. Gehen wir diesem einmal auf den Grund, dann kommen dabei ganz erstaunliche Erkenntnisse heraus. Du sollst deinen Nächsten lieben, heisst es da. Und zwar genau so, wie du dich selbst liebst.

Da steht nicht, du sollst deinen Nächsten mehr lieben. Oder weniger. Sondern wie dich selbst.

Lass das mal auf dich wirken.

Und jetzt denke mal darüber nach, wie das in deinen Beziehungen bisher so war. Hast du deinen Partner / deine Partnerin genauso geliebt, wie dich selbst? Oder mehr? Oder weniger?

Vermutlich wird dir jetzt klar sein, worauf wir hinaus wollen. Vermutlich gab es ein Ungleichgewicht. Nach unserer Erfahrung ist das in vielen Beziehungen so. Da gibt einer sich vollkommen auf, opfert sich auf für die Liebe des Partners. Und zwar in den meisten Fällen, ohne dass ein Partner das verlangt hätte. Was ist da also passiert?

Ein Ungleichgewicht entsteht selten dadurch, dass ein Partner alle Liebe auf sich vereinigt. Vielmehr passiert das so, dass ein Teil der Partnerschaft die ganze Liebe auf den anderen Teil verteilt.

Diese wahre Geschichte könnte das gut verdeutlichen:

Isabelle ist so eine Frau. Sie hat schon einige gescheiterte Partnerschaften hinter sich. Und nun hat sie einen fantastischen Mann gefunden. Ihren Traummann, könnte man sagen. Sie überschüttet ihn mit Liebe, gibt ihm alles, was sie hat. Dieser ist überglücklich. Sie beschenkt ihn reich mit ihrer Liebe, mit Geschenken. Es sieht ganz so aus, als wäre diese Beziehung wirklich traumhaft und vollkommen erfüllt. Und irgendwann nach etwa 20 Monaten ist es plötzlich vorbei. Der Mann zieht sich zurück, streckt seine Fühler bereits nach einer anderen aus. Was ist da passiert?

Von aussen betrachtet, ist das ganz klar. Die ganze Liebe hat sich auf ihn konzentriert. Isabelle hat sich selbst vergessen und nur noch an ihren Traummann gedacht. Sie hat sich selbst nicht mehr wahrgenommen, sich selbst keine Liebe mehr geschenkt. Und als dann die Verliebtheit langsam vorbei war, hat sich ihr Mann gefragt, was er denn an ihr geliebt hatte. In den letzten Monaten hatte sich alles nur um ihn gedreht. Von ihr wusste er eigentlich gar nicht mehr so viel. Und von ihr kam auch kein Hinweis darauf, was an ihr liebenswert wäre, weil sie sich selbst auch nicht mehr liebte.

Isabelle hatte also den zweiten Teil dieses Bibelzitat aus den Augen verloren. «… wie dich selbst». Sie hat diesen Mann geliebt, aber sie hat sich selbst ausgeblendet, sich selbst nicht mehr geliebt. Und so verkümmerte zuerst ihre Liebe für sich selbst und dann auch jene ihres Partners für sie.

Am Ende war die Beziehung gescheitert und Isabelle sagte zu sich Dinge wie:

Ich bin es eben nicht wert.

Ich kann eben keine glückliche Beziehung haben.

Das Schicksal wollte es eben so.

Und mit diesen Glaubenssätze geht sie vielleicht irgendwann in eine neue Beziehung.

## 3.2 Was ist liebenswert an dir?

Mach es anders als Isabelle. Überlege dir jetzt schon, was an dir selbst liebenswert ist. Wenn du nämlich dich selbst nicht lieben kannst, kann das auch niemand anders. Damit jemand deine liebenswerten Eigenschaften lieben kann, musst du sie ihm zeigen.

Stell dir vor, du hättest ein Fotoalbum mit all deinen liebenswerten Eigenschaften. Und wenn du jemanden kennenlernst, setzt ihr euch zusammen aufs Sofa und schaut dieses Fotoalbum an. Das muss natürlich auch gut gefüllt sein mit liebenswerten Eigenschaften. Sonst gibt es da ja nichts zu sehen. Und dieser Jemand ist schnell wieder weg.

Ist dieses Album allerdings gut gefüllt, dann könnt ihr euch intensiv damit beschäftigen, was alles liebenswert an dir ist. Und wenn nun dieser Jemand auch ein solches Album hat, dann könnt ihr dieses auch ansehen. So kann eine Beziehung wachsen, in der jeder die liebenswerten Eigenschaften des anderen erkennt und schätzt.

Irgendwann gibt es vielleicht noch ein weiteres Fotoalbum, nämlich jenes von den beiden als Paar. Auch als Paar haben sie nämlich wieder besondere, liebenswerte Eigenschaften, die jeder einzeln vielleicht nicht hat. Und ehe man sich's versieht, ist eine ganz wundervolle Beziehung entstanden, die erst noch ein Leben lang hält.

Machen wir uns also daran, dein Fotoalbum zu erstellen!

Nimm dir ein Blatt Papier oder noch besser ein kleines, schönes Büchlein. Dort schreibst du alle deine liebenswerten Eigenschaften auf. So viele wie möglich. Mindestens 20 sollten es schon sein.

Ich bin liebenswert, weil ich …

Ich bin liebenswert, weil ich …

Ich bin liebenswert, weil ich …

Das müssen keine grossen, ausgefallenen Dinge sein. Das können kleine Dinge sein, wie vielleicht:

Ich bin liebenswert, weil ich beharrlich dranbleibe an dem, was ich liebe.

Ich bin liebenswert, weil ich in jedem das Gute sehe.

Etc.


Und ab sofort schau dir dieses Büchlein jeden Tag an. Lies alle deine liebenswerten Eigenschaften jeden Tag durch und ergänze, falls dir noch mehr einfällt. Behalte das als Geheimnis, teile das mit niemandem. Niemand anders sollte sehen, was du an dir liebst. Das ist sehr wichtig. Nur so kannst du sicher sein, dass du auch wirklich alles aufschreibst. Sobald du mit dem Gedanken spielst, das jemandem zu zeigen, wirst du nicht mehr ganz ehrlich mit dir sein. Dann schreibst du etwas vielleicht nicht auf, weil es auf andere vielleicht lächerlich oder überspitzt oder unerhört wirken mag.

Es geht hier nicht darum, was andere von dir denken, sondern nur darum, was du von dir denkst.

Die Magie beginnt, wenn du dieses Büchlein regelmässig jeden Tag zur Hand nimmst. Dann wirst du irgendwann – manchmal überraschend schnell – jemandem begegnen, der ganz fasziniert ist von dir, der dich genauso lieben kann wie du dich selbst. Auch dieser Person zeigst du dein geheimes Büchlein nicht, zumindest nicht so, dass du es ihr zu lesen gibst. Indem du dich nämlich jeden Tag mit deinen liebenswerten Eigenschaften beschäftigt hast, liebst du dich irgendwann selbst dafür. Und wenn du etwas an dir selbst liebst, wird es ganz natürlich auf andere wirken. Andere werden das in dir ebenfalls erkennen und wer diese besondere Eigenschaft liebt, wird sich zu dir hingezogen fühlen. Weil du diese liebenswerte Eigenschaft lebst und sie aus dir heraus strahlt.

## 3.3 Deine Fähigkeiten

Abgesehen von deinen «Soft Skills» verfügst du bestimmt auch über einige Fähigkeiten, die du einsetzen kannst, um Dinge zu erreichen. Vielleicht bist du geschickt im Umgang mit Finanzen. Was du anfasst, wird zu Gold. Dann kannst du diese Fähigkeit natürlich auch in den Dienst der Partnerschaft stellen. Du kannst das gemeinsame Vermögen damit erhöhen und das kauft dir am Ende mehr gemeinsame Zeit.

Vielleicht ist es auch deine Fähigkeit, mit Freunden so gut zu kommunizieren, dass sie immer wieder gerne zu Besuch kommen. So bist du dann eine Stütze, wenn es darum geht, Freundschaften zu pflegen.

Was auch immer deine Fähigkeiten sind, du kannst und wirst diese auch für euch beide als Paar einsetzen.

Vielleicht brauchst du in manchen Bereichen Unterstützung? Dann wäre es doch super, wenn dein Partner über Fähigkeiten verfügt, die deine eigenen sinnvoll ergänzen. Wenn das also noch mit dabei wäre bei der Lieferung, wäre das bestimmt nicht verkehrt, oder? Und wenn das bei der Lieferung dabei sein soll, dann muss das auch bei der Bestellung mit dabei sein. Logisch.

Also solltest du in deinem Wunschbild deines Partners / deiner Partnerin neben dem Charakter auch noch die Fähigkeiten integrieren.

Damit hast du nun eine perfekte Vorlage, wie deine Traumpartnerschaft aussehen soll. Jetzt musst du diese nur noch verinnerlichen – in dein Unterbewusstsein programmieren – und dann kannst du genau die passende Person in dein Leben ziehen.

Und denke nicht zu viel darüber nach, ob das wirklich funktioniert. Du musst nicht genau wissen, wie das funktioniert. Das weisst du bei deinem Handy auch nicht und trotzdem nutzt du es jeden Tag ganz selbstverständlich.

Wir können dir versprechen, dass das genau so funktioniert mit dem unterbewussten bestellen. Wir wissen das, weil wir das selbst immer wieder tun.

**Zusammenfassung Kapitel 3**

In diesem Kapitel hast du gelernt:

1. Du kannst einen Partner nur bis zu dem Ausmass lieben, in dem du dich selbst liebst.

2. Jemand anders kann dich nur so lieben, wie du dich selbst liebst.

3. Du musst ganz genau wissen, was du willst (nicht, was du nicht willst).

4. Du kannst dein Idealbild einer Partnerschaft in deinem Unterbewusstsein programmieren.

5. Wenn das einmal im Unterbewusstsein programmiert ist, wird dieses alles daran setzen, um dein Leben in diese Richtung zu lenken.

*Wenn du es träumen kannst, kannst du es auch tun.*

Walt Disney

# 4. Deine Gedanken sind die Basis

«Jeder ist seines eigenen Glückes Schmied», sagt ein deutsches Sprichwort. Und wie so oft bei diesen althergebrachten Aussagen, liegt viel Wahrheit darin.

Jeder von uns ist nämlich Schöpfer seiner eigenen Welt. Das heisst natürlich nicht, dass jeder von uns seine eigenen Bäume und Strassen und Städte erschafft. Das sind die Dinge, auf die wir uns als Menschen geeinigt haben, dass sie so aussehen sollen. Wir haben Bauland festgelegt, Wälder stehen lassen und Wiesen gepflegt, auf denen Kühe weiden. Auch hier haben wir also in gewisser Weise unsere Welt erschaffen.

## 4.1 Die Verantwortung für die Gedanken

Was wir in der Gesamtheit als Bevölkerung oder Menschheit auf der Welt erschaffen, ist also eindeutig von Menschen gemacht.

Aber doch nicht das, was uns in Liebesdingen zustösst! Oder vielleicht doch?

Natürlich! Was wir in unseren Beziehungen erleben, ist das, was wir uns erschaffen haben.

Das zugrunde liegende Muster ist dieses:

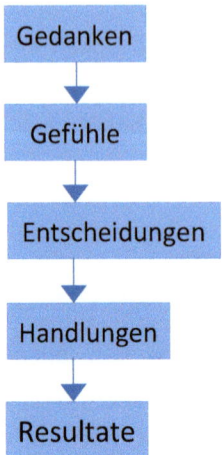

Gedanken führen zu Gefühlen, diese führen zu Entscheidungen, welche Handlungen auslösen und Resultate verursachen.

Wenn wir also in unserem Leben irgendetwas ändern wollen, müssen wir immer ganz am Anfang beginnen. Wir müssen als Erstes unsere Gedanken entsprechend neu ausrichten. Die Schwierigkeit liegt hier darin, dass wir nur die bewussten Gedanken steuern können. Als Menschen denken wir jeden Tag allerdings bis zu 50'000 Gedanken, die meisten davon unbewusst.

Dass unsere unbewussten Gedanken – oder Glaubenssätze – unser Verhalten steuern, haben wir bereits festgestellt. Dementsprechend sind die unbewussten Gedanken viel wichtiger. Wenn wir in unserem Leben etwas verändern wollen, so müssen wir diese verändern. Aber wie, wenn wir sie doch nicht bewusst wahrnehmen?

Dies kann beispielsweise durch Affirmationen geschehen wie im Kapitel 1. Durch regelmässigen Trainieren mit Affirmationen können wir unsere unbewussten Gedanken verändern. Das dauert seine Zeit – in der Regel zwischen 60 und 90 Tagen – doch wenn sie einmal neu programmiert sind, laufen auch die neuen Versionen der unbewussten Gedanken völlig automatisch ab. Und diese neuen Gedanken führen dann zu anderen Gefühlen, welche zu neuen Entscheidungen führen und zu anderen Handlungen, die am Ende dann also auch andere Resultate hervorbringen.

Auf diese Weise haben wir zum Beispiel das kleine Einmaleins gelernt. Unzählige Male haben wir diese Multiplikationen wiederholt. Dann kam ein Test in der Schule und wo wir uns etwas falsch gemerkt hatten, mussten wir es wieder unzählige Male wiederholen. So lange, bis wir ohne Nachzudenken sagen können 7 x 8 ergibt 56.

Auf diese Weise haben wir also das kleine Einmaleins gelernt. Und auf die gleiche Weise können wir alles lernen, was wir möchten. Sogar ein neues

Beziehungsmuster. Nur haben wir in diesem Punkt natürlich keinen Lehrer mehr, der uns testet und uns immer wieder Aufgaben gibt. Wir müssen das selbst tun, uns selbst kontrollieren und uns selbst motivieren, bis wir das neue Muster verinnerlicht haben und es seine Wirkung in der realen Welt zeigen kann.

## 4.2 Negative Gedanken

In diesem Zusammenhang sollten wir nun auch die negativen Gedanken genauer unter die Lupe nehmen. Für das Unterbewusstsein spielt es nämlich keine Rolle, ob ein Gedanken «positiv» oder «negativ» ist. Er ist einfach ein Gedanke. Und das Unterbewusstsein wird das entsprechende Programm abspielen.

Dass nun ein negativer Gedanke kein positives Resultat hervorbringen kann, scheint einleuchtend. Trotzdem fällt es uns viel leichter, einen negativen Gedanken zu denken. Warum ist das so?

Wir wurden in unserem Leben darauf konditioniert. In der Schule beispielsweise wollten wir Fehler vermeiden. Wir wollten also möglichst nichts falsch machen. Und schon haben wir einen negativen Gedanken. Lassen wir diesem freien Lauf, wird er das Gefühl von Angst (z.B. zu versagen) verursachen. Daraus entscheiden wir uns, lieber keine Antwort zu geben als eine falsche. Wir melden uns also nicht in der Klasse und am Ende bekommen wir einen Punktabzug, weil wir uns nicht aktiv eingebracht haben.

Wenn dann in regelmässigen Abständen Prüfungen durchgeführt wurden, worauf hat der Lehrer geachtet? Alle Fehler waren rot markiert. Die Aufmerksamkeit wurde also auf das gelenkt, was falsch war. Obwohl vermutlich bei den meisten von uns mehr als 90 Prozent aller Antworten richtig war, haben wir gelernt, dass wir uns auf jene 10 Prozent konzentrieren müssen, die falsch sind.

So haben wir das in unserem Leben weiter kultiviert. In Beziehungen haben wir analysiert, was falsch lief. Kaum einmal hat jemand hingeschaut und gefragt: «Was lief denn richtig gut?»

Sei mal achtsam, worüber die Menschen gerne sprechen. Unfälle, Verbrechen, Katastrophen, Kriege. Alles Dinge, die einem das Leben zur Hölle machen. Und doch sprechen die Menschen meistens über solche Dinge. Zu jeder vollen Stunde lassen sie sich vom Radio berieseln mit den schlechten Nachrichten aus aller Welt. Wir leben in einem nicht abreissenden Strudel von negativen Gedanken. Kein Wunder, dass die meisten unserer Gedanken negativ sind.

Wenn du nun willst, dass dein Leben sich dauerhaft verändert, dann musst du genau dort ansetzen. Überprüfe regelmässig deine Gedanken. Halte mehrmals täglich inne und versuche dich zu erinnern, was du gerade gedacht hast. Wenn es positiv war, super! Wenn nicht, dann korrigiere das direkt. So kannst du deine ganz persönliche Verfassung erkennen. Wie viel Negativität zieht durch deine Gedanken? Je weniger, umso besser. Bleib dran. Und schalte doch zu jeder vollen Stunde einfach mal das Radio für ein paar Minuten aus.

Wenn du deine Gedanken immer mehr kontrollierst und in eine Richtung lenkst, die du vorgibst, dann wirst du merken, dass dir erstaunliche Zufälle begegnen. Dass du plötzlich einfach mehr Glück hast. Andere kommen lächelnd auf dich zu. Du bekommst Dinge geschenkt, gewinnst vielleicht bei Verlosungen. Du hast eine regelrechte Glückssträhne.

Dies liegt daran, dass du plötzlich viel mehr gute Gedanken in die Welt hinaus sendest. In Fachkreisen spricht man dabei von «Synchronizität». Die schauen wir uns im nächsten Kapitel etwas genauer an.

**Zusammenfassung Kapitel 4**

Du hast in diesem Kapitel gelernt

1. Deine Gedanken manifestieren dein Leben.

2. Gedanken führen zu Gefühlen, zu Entscheidungen, zu Handlungen, zu Resultaten.

3. Andere Gedanken führen zu anderen Gefühlen, Entscheidungen, Handlungen, Resultaten.

4. Wir denken die meisten Gedanken unbewusst.

5. Leider denken viele Menschen öfter negativ als positiv.

6. Wir können unsere Gedanken steuern.

*Zufall ist selber nur das Aufeinanderstossen der schaffenden Impulse.*

Friedrich Nietsche

# 5. Synchronizität

Synchronizität ist ein Konzept, das ursprünglich vom Schweizer Psychiater Carl Gustav Jung eingeführt wurde. Es beschreibt das gleichzeitige Auftreten von zwei oder mehr Ereignissen, die scheinbar nicht direkt miteinander in Verbindung stehen, aber dennoch eine tiefgründige Bedeutung oder einen Zusammenhang aufweisen. Diese Art von Zusammenhang kann subjektiv oder objektiv sein, aber die beteiligten Ereignisse sind meist bedeutsam und auffällig.

Jungs Theorie der Synchronizität entwickelte sich aus seiner Arbeit mit Träumen, Archetypen und der kollektiven Psyche. Er vertrat die Auffassung, dass es neben der Kausalität – der Idee, dass Ereignisse durch Ursache und Wirkung miteinander verknüpft sind – auch eine andere Art von Zusammenhang gibt, die auf einer tieferen Ebene des menschlichen Bewusstseins und des Universums existiert.

Eines der bekanntesten Beispiele für Synchronizität ist der Goldfisch-Effekt. Jung beschrieb in seinem Buch "Synchronizität – Ein Prinzip akausaler Zusammenhänge" (1952) die Geschichte eines Patienten, der ihm von einem Traum erzählte, in dem er einen goldenen Skarabäus sah. Während des Gesprächs flog ein Käfer durch das Fenster, der einem goldenen Skarabäus erstaunlich ähnlich sah. Jung fing den Käfer und präsentierte ihn seinem Patienten, woraufhin die Behandlung eine entscheidende Wendung nahm.

Synchronizität kann auf verschiedenen Ebenen wahrgenommen werden. Auf der persönlichen Ebene kann sie als ein tiefgreifendes Gefühl von Zusammengehörigkeit oder als ein zufälliges Aufeinandertreffen von Ereignissen erfahren werden, die eine besondere Bedeutung für das Individuum haben. Auf einer kollektiven Ebene kann sie in Form von kulturellen oder historischen Phänomenen auftreten, die auf mysteriöse Weise miteinander verbunden sind.

Einige Wissenschaftler und Philosophen haben das Konzept der Synchronizität kritisiert und es als unwissenschaftlich oder esoterisch abgetan. Sie argumentieren, dass das menschliche Gehirn dazu neigt, Muster und Zusammenhänge zu erkennen, wo keine existieren, ein Phänomen, das als Apophänie bekannt ist. Infolgedessen könnten Synchronizitätsereignisse lediglich zufällige Zusammenhänge sein, die dem Wunsch des Menschen entspringen, Bedeutung und Ordnung in der Welt zu finden.

Trotz der Kritik bleibt Synchronizität ein faszinierendes und provokantes Konzept, das dazu anregt, über die

Grenzen unseres Verständnisses von Zeit, Raum und Kausalität nachzudenken. Es lädt uns ein, über die Möglichkeiten nachzudenken, wie das menschliche Bewusstsein und das Universum auf geheimnisvolle und bisher unerforschte Weise miteinander verbunden sein könnten.

Jeder von uns hat vermutlich schon einmal eine Situation erlebt, die als Synchronizität beschrieben werden kann.

Du stehst morgens auf und stösst dir den kleinen Zeh am Türrahmen. Deine erste bewusste Empfindung an diesem Tag ist ein unermesslicher Schmerz. Gleich darauf verschüttest du den Kaffee über deine Hose und als du später in dein Auto steigst, um zur Arbeit zu fahren, springt es nicht an. Und so geht es weiter den ganzen Tag lang. Nichts will klappen. Alles läuft irgendwie schief.

An einem anderen Tag ist es das genaue Gegenteil. Du erwachst erholt und freust dich auf den Tag. Auf der Fahrt zur Arbeit spielt dein Radiosender dein Lieblingslied. Schon der erste Anruf bringt einen grossen Auftrag und die neue Kollegin bringt dir ein Stück Kuchen in der Kaffeepause. Und so geht es weiter den ganzen Tag. Eine regelrechte Glückssträhne.

Wäre es nicht fantastisch, wenn man eine solche Ereigniskette selbst anstossen könnte.

## 5.1 Synchronizität nutzen

Entweder ist die Synchronizität also «nur» eine Reihe von Zufällen, also Dinge und Situationen, die uns zufallen, oder sie ist ein fantastisches Konzept, das erklärt, wie das Bewusstsein und das Universum miteinander verbunden sind. Wir sind durchaus in der Lage, Dinge zu nutzen, von denen wir nicht verstehen, wie sie funktionieren. Die wenigsten von uns wissen genau, wie Elektrizität entsteht, aber wir nutzen sie alle ganz selbstverständlich.

Auch bei der Synchronizität ist es unwichtig, wie sie genau funktioniert. Für uns ist nur wichtig, dass wir sie nutzen können. Und das tun wir, indem wir unser Gehirn und unser Bewusstsein auf einen gewünschten Zustand ausrichten, umso eher werden wir diesen Zustand in unserem Leben erzeugen oder – wie es viele nennen – manifestieren.

Im vorigen Beispiel hast du gesehen, dass es sehr wichtig ist, ob positive oder negative Gefühle vorherrschen. Läuft etwas schief, dann läuft alles schief. Läuft etwas gut, dann läuft alles gut. Die Synchronizität schwingt also auf deinen Gefühlen mit.

Wenn du nun in einer negativen Grundstimmung bist, wirst du weitere negative Ereignisse in dein Leben ziehen. Wenn du allerdings in einer positiven Stimmung bist, wirst du auch weitere positive Ereignisse anziehen.

Es kann sich also durchaus lohnen, eine positive Grundstimmung zu deiner Lebensgrundlage zu machen. Vermeide schlechte Nachrichten, so weit es geht. Lass dich nicht schon morgens beim Kaffee mit den schlechten Nachrichten aus aller Welt berieseln. Das bringt dich nur in eine schlechte Stimmung voller Angst und Unsicherheit. Denke lieber an etwas Schönes. Vielleicht denkst du an deine Traumpartnerschaft und malst dir aus, was ihr für ein wundervolles Leben zusammen habt.

Nimm dieses Gefühl mit in den Tag und immer, wenn dir etwas Negatives begegnet, suche etwas Gutes daran. Wenn du dir den Kaffee über die Hose schüttest, zieh eine andere an und freue dich darüber, wie gut diese dir steht.

Auf diese Art setzt du die Spirale der Synchronizität in der positiven Richtung in Bewegung und hältst sie am Drehen, damit dir weiter Gutes zufallen kann.

## 5.2 Deine Traumpartnerschaft ins Leben ziehen

Du kannst die Synchronizität selbstverständlich auch nutzen, um dir eine Traumpartnerschaft ins Leben zu ziehen.

Dafür empfehlen wir dir, jeden Morgen etwas Zeit – 5 bis 10 Minuten – zu reservieren für diese Übung:

Setze dich gemütlich hin und denke an die Partnerschaft, die du dir wünschst. Versuche zu spüren, wie es sich anfühlt, wenn du dein Ziel erreicht hast. Versuche dir Situationen vorzustellen, wie du sie erlebst in deiner Partnerschaft. Geniesse dieses Gefühl, dein Ziel erreicht zu haben.

Dabei ist es wichtig, dass du wirklich fühlst, als ob du es bereits hättest. Bedenke: Das Unterbewusstsein kann nicht unterscheiden, ob etwas wirklich ist oder nicht. Was du aktuell fühlst, ist für dein Unterbewusstsein die Wirklichkeit. Ob die äusseren Umstände tatsächlich so sind, kann es nicht beurteilen. Doch wenn es sich anfühlt wie in einer fantastischen Beziehung, dann ist es die logische Folge, dass bald schon auch in der äusseren Welt diese Beziehung auftaucht. Dafür sorgen dann einerseits die Synchronizität und andererseits deine Entscheidungen und Handlungen.

**Zusammenfassung Kapitel 5**

In diesem Kapitel hast du gelernt:

1. Dein Bewusstsein und das Universum sind auf fantastische Weise miteinander verbunden.

2. Positive Gedanken bringen mehr positive Ereignisse hervor – und umgekehrt.

3. Deine Gedanken bestimmen deine Sicht auf die Welt, deine Entscheidungen, deine Ergebnisse.

4. Dein Unterbewusstsein kann nicht beurteilen, was Wirklichkeit ist. Wahr ist, was du fühlst.

*Mut steht am Anfang des Handelns.*
*Glück am Ende.*

Demokrit

# 6. Ängste und Hemmungen überwinden

Du kannst noch so positiv sein, ein wundervolles Ziel vor Augen haben und genau wissen, was du willst; irgendwann kommt der Zeitpunkt, an dem du einfach nur noch handeln musst. Und dann stehen dir oft Ängste oder Hemmungen im Weg.

Vielleicht bist du gerade deiner Traumpartnerin oder deinem Traumpartner begegnet und jetzt wäre eigentlich der richtige Zeitpunkt, den ersten Schritt zu tun und ihn oder sie anzusprechen und ein Date zu vereinbaren. Und dann geht gar nichts. Dein Mund wird trocken, dafür sind deine Handflächen schweissnass. Dein Kopf ist heiss, das Blut schiesst dir in den Kopf. Du bringst keinen Ton heraus. Wie eine Maus vor einer Schlange kannst du dich nicht rühren und irgendwann ist die Chance verpasst. Schon wieder.

Vielleicht bist du auch bereits mit der Person zusammen, mit der du gerne eine aussergewöhnliche Beziehung aufbauen möchtest. Aber es gibt da noch den einen oder anderen Punkt, den du gerne ansprechen möchtest. Aber was, wenn die Person deinen Wunsch als Vorwurf interpretiert und ihn einfach zurückweist? Oder der Zeitpunkt gerade nicht perfekt ist? Oder du sonst einen Grund findest, das Gespräch auf später zu verschieben?

Was dich in beiden Fällen zurückhält, sind deine unterbewussten Ängste, die leider sehr stark sind. Ängste an sich, sind nichts Schlechtes, sie beschützen dich vor Verletzungen, ja sogar vor dem Tod. Wenn du in einen Löwenkäfig steigen willst, ist die Todesangst tatsächlich berechtigt. Trotzdem gibt es natürlich Löwenbändiger / Dompteure / Zoowärter, die bewusst in die Löwenkäfige steigen. Sie ergreifen aber entsprechende Schutzmassnahmen, um nicht von den Tieren verletzt zu werden. Sie können also ihre unterbewusste Angst mit einer rationalen, bewussten Handlung übersteuern.

Was für Löwenkäfige gilt, müsste doch für Beziehungsfragen auch möglich sein: eine rationale Hilfe gegen unterbewusste Ängste. Tatsächlich gibt es diese.

## 6.1 Ängste sind Ausdruck von Überzeugungen

Ängste sind emotionale Reaktionen auf wahrgenommene Bedrohungen oder Gefahren in der Zukunft, und sie entstehen oft aus unseren persönlichen Überzeugungen (=Glaubenssätzen), die auf unseren Erfahrungen, Erziehung, kulturellen Normen und Werten basieren.

Sie können auf unterschiedliche Weise entstehen. Einige davon sind bereits evolutionär entstanden. Angst vor Raubtieren, Schlangen und Spinnen beispielsweise war wichtig, um das Überleben der menschlichen Art zu sichern. Diese Angst hat unsere Vorfahren vor dem Tod bewahrt. In der heutigen Gesellschaft sind diese Ängste jedoch kaum noch von Bedeutung.

Was heute eher eine Ursache für allerlei Ängste ist, ist unser grundlegendes Wissen über die Welt und wie sie funktioniert. Wir wissen beispielsweise, dass Flugzeuge abstürzen können. Dieses Wissen kann Angst auslösen, wenn wir in ein Flugzeug steigen.

Eine andere Art des «Erlernens von Angst» kann durch eigene Erfahrung geschehen. Wer als Kind einmal eine heisse Herdplatte angefasst hat, dem wird für immer klar sein, dass Herdplatten Schmerzen und Verletzungen verursachen können.

In die gleiche Kategorie lassen sich auch emotionale Verletzungen in Beziehungen einzuordnen. Wer einmal von einem Partner verletzt wurde, fürchtet sich unter Umständen in jeder weiteren Beziehung vor der gleichen Verletzung.

Ein weiterer Angstfaktor kann durch soziokulturelle Normen, Werte und Erfahrungen verursacht sein. Beispielsweise kann die Angst vor dem Versagen in einer Gesellschaft, die starken Wert auf Leistung und Erfolg legt, stärker ausgeprägt sein. Die Angst davor, sich lächerlich zu machen oder zu blamieren, ist in der Internetcommunity ebenfalls stark verankert. Auch die Angst, mit einer Aussage gegen die political correctness zu verstossen, ist im zwischenmensch-lichen Bereich durchaus nennenswert. So verzichten heute Männer bereits darauf, Frauen überhaupt anzusprechen, weil sie sich davor fürchten, sich ungewollt einer sexueller Belästigung schuldig zu machen.

## 6.2 Ängste abbauen

Um Ängste abzubauen, ist es sinnvoll, die Angst objektiv zu hinterfragen. Woher rührt diese Angst? Wo hat sie ihren Ursprung? Basiert sie auf Wissen, auf Erfahrung oder auf gesellschaftlichen oder persönlichen Werten und Überzeugungen?

Eine Angst, die auf Wissen beruht, kann unter Umständen mit weiterem Wissen neutralisiert werden. Um beim Beispiel mit dem Fliegen zu bleiben, kann es unter Umständen bereits ausreichen, eine Statistik anzuführen, welche das Unfallrisiko darstellt. Setzt man die jährlich rund 5 Milliarden (5'000'000'000) Flugpassagiere in Relation zu den weltweit 283 Personen (im Jahr 2019), die in einem Flugunfall ums

Leben kamen, so kann die Unfall-Wahrscheinlichkeit berechnet werden und die Angst dadurch, wenn nicht ganz beseitigt, so doch zumindest so weit überwunden werden, dass eine Flugreise möglich ist.

Schwieriger wird es bei Ängsten, die auf Erfahrungen beruhen. Wer einmal in einer Beziehung verletzt wurde, fürchtet sich immer wieder davor, dass dies wieder eintritt. Obwohl natürlich aus rationaler Sicht nichts diese Angst stützt, so ist sie doch immer vorhanden und verhindert, dass man erneut das Wagnis einer Beziehung eingehen will. Das Risiko, wieder verletzt zu werden, ist zu gross. Eine solche Angst zu überwinden, ist deutlich schwieriger.

Im Coaching haben wir Techniken, um diese Ängste zu überwinden. Dies kann beispielsweise geschehen, indem wir ein so grosses Ziel resp. eine so grosse Belohnung erschaffen, dass es das Risiko, verletzt zu werden, überwiegt.

Zu diesen Ängsten gehören beispielsweise:

- die Angst (wieder) verletzt zu werden

- die Angst nicht gut genug zu sein

- die Angst sexuell zu versagen

- die Angst vor Zurückweisung

- die Angst vor Ablehnung

- die Angst davor, Fehler zu machen

- die Angst ausgenützt zu werden

- ...

Gelingt es, diese Ängste zu erkennen und zu überwinden, kann alles möglich werden, weil das grösste Problem dadurch gelöst wird. Verhindert nämlich die Angst nicht mehr die Handlung, so kann plötzlich vieles geschehen, was vorher unmöglich erschien.

Wer es schafft, seine Ängste zu überwinden und den ersten Schritt tut, der fragt sich vielleicht, wie er diesen Schritt denn tun soll. Wie spricht man jemand an, der einem wichtig ist. Und vor allem, wie führt man gemeinsam ein interessantes Gespräch. Dies schauen wir im nächsten Kapitel an.

**Zusammenfassung Kapitel 6**

In diesem Kapitel hast du gelernt:

1. Ängste beruhen auf Überzeugungen und Glaubenssätzen.

2. Sie sind erlernt durch lesen, hören, erfahren.

3. Sie hindern dich daran, aktiv zu werden und zu handeln.

4. Die wirklich interessanten Dinge sind oft hinter einer Mauer aus Angst.

5. Es gibt Mittel und Wege, Ängste zu überwinden.

*Reden können ist nicht so viel wert, wie zuhören können.*
Aus China

# 7. Die Kunst des Zuhörens

Immer wieder tauchen in unseren Coaching-Gesprächen die gleichen Fragen auf. Wie komme ich mit jemandem ins Gespräch? Ich bin kein interessanter Gesprächspartner? Ich weiss nicht, worüber ich reden soll?

Dabei braucht es nicht unbedingt den wahnsinnig tollen, coolen Anmachspruch. Ein freundliches Hallo ist schon mal ein guter Anfang. Und wenn du dann noch ein originelles Kompliment anfügst, dann ist das schon der halbe Weg. Wenn du dich dann noch für die Person interessierst, kommt von allein ein Gespräch in Gang.

Ich selbst (Markus) hatte früher auch oft damit zu kämpfen, dass ich nicht wusste, worüber ich reden soll. Allerdings gelang es mir trotzdem immer wieder, als guter Gesprächspartner wahrgenommen zu werden. Immer wieder bekam ich Komplimente dafür, was für interessante Gespräche man mit mir haben kann.

Früher wusste ich nicht, woran das lag. Aber heute kann ich mein Geheimnis mit dir teilen: Ich habe vor allem zugehört. Weil ich nicht wusste, was ich sagen soll, habe ich einfach eine Frage gestellt und die Person reden lassen. Dann habe ich dazu wieder eine

Frage gestellt und die Person hat weiter erzählt. Ich habe mich einfach dafür interessiert, was die Person zu sagen hatte. Und das musste ich nicht mal spielen, denn die Person hat mich ja wirklich interessiert.

So konnte ich also meine Unsicherheit zur Stärke machen. Und wenn ich das kann, dann kannst du das auch. Interessiere dich ehrlich für die Person, dann wird ganz von alleine ein Gespräch entstehen. Und ehe du dich's versiehst, habt ihr euch einen ganzen Abend unterhalten und die Telefonnummern ausgetauscht.

Und sobald der Druck des Kennenlernens weg ist, wirst auch du immer mehr zu erzählen wissen. Gerade *weil* der Druck weg ist.

## 7.1 Aktives Zuhören

Aktives Zuhören geht über das blosse Hören der Worte hinaus und beinhaltet die Aufmerksamkeit für nonverbale Signale, das Wiederholen und Klären von Informationen sowie das Zeigen von Interesse und Respekt. Es ist eine wichtige Fähigkeit in zwischenmenschlichen Beziehungen, weil es das gegenseitige Verständnis fördert, und kann dazu beitragen, Konflikte zu lösen. Indem du dich bemühst, ein aktiver Zuhörer zu sein, kannst du deine Kommunikationsfähigkeiten verbessern und tiefere, erfüllendere Verbindungen zu anderen Menschen aufbauen.

Diese Schlüsselelemente solltest du stets im Hinterkopf haben:

## 1. Volle Aufmerksamkeit

Schenke deinem Gesprächspartner die volle und ungeteilte Aufmerksamkeit. Lass dein Handy stecken, halte Augenkontakt und zeige mit einer offenen Körperhaltung, dass du wirklich an deinem Gegenüber interessiert bist. Wenn du zuhörst, dann hörst du wirklich zu und denkst nicht darüber nach, was du darauf antwortest und schon gar nicht wartest du auf dein Stichwort, um irgendwelche Weisheiten einzustreuen.

## 2. Wiederhole das Gesagte mit anderen Worten

In der Fachsprache nennen wir das «paraphrasieren». Du wiederholst also sinngemäss, was du verstanden hast. Das wirst du in deiner Beziehung auch manchmal brauchen, wenn es Meinungsverschiedenheiten gibt. Da kann das paraphrasieren wahre Wunder wirken. Wenn du nämlich in deinen Worten wiedergibst, was du verstanden hast, kann das Missverständnisse aufklären, bevor sie zu verhärteten Fronten führen.

### 3. Respektvolles Zuhören

Unterbrich den Sprecher nicht und vermeide es, vorzeitig Urteile zu fällen oder Ratschläge zu geben. Gib dem Sprecher genügend Raum und Zeit, um seine Gedanken und Gefühle auszudrücken, bevor du reagierst oder deine eigene Meinung äusserst. Vielleicht will dein Gegenüber gar nicht deine Meinung hören, sondern sich nur mal etwas von der Seele reden. Das kann sehr befreiend sein. Und wenn du hier als Zuhörer glänzt, der nicht gleich mit Tipps und Ratschlägen bereitsteht, wirst du dir hohe Achtung und Respekt verdienen.

### 4. Achte auf die nonverbale Kommunikation

Sowohl dein Gegenüber als auch du, ihr beide kommuniziert mit Mimik und Gesten. Diese nonverbale Kommunikation kann vieles sagen, was die Wörter alleine nicht könnten. Achte auf die Mimik und Gestik deines Gesprächspartners und gib auch nonverbales Feedback durch Kopfnicken oder Gesten.

**Zusammenfassung Kapitel 7**

1. Zuhören ist eine Superkraft!

2. Aktives Zuhören baut tiefere, erfüllendere Beziehungen auf.

3. Mimik und Gestik sind wichtige Bestandteile der Kommunikation.

4. Gute Zuhörer sind beliebte Gesprächspartner.

*Die Genesung der Seelen wird vollbracht durch den Gebrauch eines gewissen Zaubers. Und dieser Zauber sind angemessene Worte.*

Sokrates

# 8. Gespräche in der Paarbeziehung

In jeder Paarbeziehung sind die Gespräche ein zentrales Thema. Wenn Beziehungen scheitern, dann liegt es sehr oft an der Kommunikation. Entweder findet diese gar nicht mehr statt oder man versteht sich gegenseitig nicht.

## 8.1 Was hast du von deinen Vorbildern gelernt

Auch in der Kommunikation hast du bestimmt von deinen Vorbildern gelernt, besonders von den Eltern. Wie wir bereits herausgefunden haben, ist das, was du als Kind erfahren hast, tief in deinen Überzeugungen verankert und wird unbewusst immer wieder durchscheinen. Deshalb lohnt sich ein Blick auf die Vergangenheit.

Was hast du von deinen Eltern gelernt darüber, wie Mann und Frau miteinander sprechen?

Sprachen sie überhaupt miteinander?

Gab es Anweisungen und Kontrollfragen?

Gab es eine liebevolle Kommunikation oder war sie immer nur sachlich?

Finde für dich heraus, was du von deinen Eltern – eventuell auch von Grosseltern oder anderen

Vertrauenspersonen – gelernt hast über Gespräche in Paarbeziehungen.

Welche Muster tauchten dann später auch in deinen eigenen Beziehungen auf? Gibt es Muster, die du magst? Und solche, die du gerne ändern möchtest?

Falls das so ist, kann dir vermutlich das aktive Zuhören aus dem vorigen Kapitel eine tolle Hilfe sein beim Reden und vor allem auch beim Verstehen, was das Gegenüber mit seiner Aussage meint. Darüber hinaus gibt es natürlich noch eine Vielzahl von weiteren Kommunikations-Empfehlungen.

## 8.2 Du- vs. Ich-Botschaften

Eine sehr grosse Bedeutung kommt auch den Du- respektive den Ich-Botschaften zu. Besonders wenn es zu einem Streit kommt, ist man sehr schnell mit Du-Botschaften.

«Du räumst nie den Tisch ab!»

«Du kommst immer zu spät!»

«Du hilfst mir nie!»

«Du unterstützt mich nicht!»

Was alle diese Du-Botschaften gemeinsam haben: Sie enthalten einen Vorwurf. Und gerade wenn die Stimmung bereits aufgeheizt ist, verträgt es das nicht. Vermeide also so weit wie möglich diese Du-Botschaften. Besonders, wenn ihr bereits in einem Streitgespräch verhaftet seid.

Wählst du stattdessen eine Ich-Botschaft, kannst du vieles schon entschärfen, weil kein Vorwurf darin enthalten ist.

«Ich wünschte, ich müsste nicht immer selbst den Tisch abräumen.»

«Ich würde mir wünschen, dass wir pünktlich losfahren können.»

«Ich wünschte, du würdest mir hier helfen.»

«Ich brauche hier einfach Unterstützung.»

Darin sind Wünsche oder Bedürfnisse enthalten anstelle von Vorwürfen. Das macht es dem Gegenüber leichter, darauf einzugehen. Jeder von uns hilft gerne und wenn wir noch verstehen, wo genau das Problem liegt, können wir das auch richtig gut.

Deshalb ist alleine diese kleine Verschiebung der Aufmerksamkeit in der Kommunikation bereits ein wesentlicher Faktor, um die Paarkommunikation stark zu verbessern.

## 8.3 Gewaltfreie Kommunikation

Die Gewaltfreie Kommunikation (GFK) wurde von Marshall B. Rosenberg entwickelt. Dieser Ansatz zielt darauf ab, Verbindungen und Beziehungen zu fördern, indem er eine konstruktive und einfühlsame Art der Kommunikation fördert. Die Methode basiert auf vier Schritten:

1. **Beobachtung:** die sachliche Beschreibung des Sachverhalts ohne Interpretation oder Bewertung: «Ich sehe, dass die Küche nicht aufgeräumt ist.»

2. **Gefühl:** Schilderung der eigenen Gefühle als Reaktion auf diesen Sachverhalt: «Das stresst mich, weil ich glaube, dass ich das jetzt aufräumen muss.»

3. **Bedürfnis:** Identifizierung des Bedürfnisses, das zugrunde liegt. «Ich wünschte, ich müsste mich darum nicht auch noch kümmern.»

4. **Bitte:** Eine klare und positiv formulierte Bitte, das Bedürfnis zu erfüllen: «Könntest du mir das abnehmen?»

Die GFK braucht manchmal etwas mehr Zeit, weil sie mehr Erklärung und Spüren erfordert. Doch ihre Vorteile liegen auf der Hand: Der Gesprächspartner kann verstehen, welches Gefühl der Aussage zugrunde liegt und wie er jetzt darauf reagieren soll. In vielen Fällen löst dies eine Situation auf, die andernfalls schnell zu einem Streit eskalieren könnte.

## 8.4 Respekt und Wertschätzung

Dieser Punkt ist äusserst wichtig. Behandle deine Partnerin oder deinen Partner stets mit Respekt und Wertschätzung. Das scheint selbstverständlich zu sein, doch im Alltag beobachten wir immer wieder, dass dies nicht der Fall ist.

Vielleicht hast du auch schon beobachtet, wie Paare in einer geselligen Runde über den jeweils anderen Witze reissen oder Dinge erzählen, die diesem peinlich sind? Sticheleien sind in vielen Partnerschaften an der Tagesordnung. Wenn ein Mann über seine Frau sagt: «Sie ist eben manchmal etwas ungeschickt», dann kann das sogar wahr sein. Es ist aber trotzdem verletzend, wenn er das zu anderen über seine Frau sagt.

Wenn wir Paare, die solche Dinge sagen, darauf ansprechen, dann kommt zur Antwort meistens: «Sie weiss ja, dass ich es nicht so meine.»

Wenn wir dann nachfragen «Warum sagst du denn etwas, was du nicht meinst?», dann ernten wir oft ungläubige Blicke. Darüber macht sich meist niemand Gedanken.

Tatsache ist aber, dass jede dieser Sticheleien eine kleine Verletzung darstellt. Eine einzelne Stichelei verkraftet ein Partner vielleicht. Unter Umständen auch noch weitere. Aber irgendwann kommt der Tropfen, der das Fass zum Überlaufen bringt. Vielleicht nach der zwanzigsten Stichelei, nach der fünfzigsten oder nach der dreihundertsten. Dann verlangt er «aus heiterem Himmel» die Scheidung. Dabei hat es ihn doch nie gestört. «Er wusste ja, dass ich es nicht so meinte.»

Respektvolle Kommunikation heisst nicht nur in der gegenseitigen Kommunikation, sondern unbedingt auch in der Kommunikation übereinander.

In unserer Beziehung haben wir entsprechend einen «Ehrenkodex» festgelegt. Darin haben wir uns gegenseitig versprochen, dass wir nie schlecht oder abwertend oder beleidigend über den Partner reden.

Leider sind auch wir nicht vor Ausrutschern sicher und so passieren auch uns manchmal ungeschickte Aussagen, die auf den Partner abwertend wirken. Passiert einem von uns das, so spricht der andere dies jeweils sofort an. Normalerweise kann dann mit einer ehrlich gemeinten Entschuldigung dieses Thema aus der Welt geschafft werden und in den nächsten

Wochen rückt die Achtsamkeit diesbezüglich wieder in den Vordergrund.

## Zusammenfassung Kapitel 8

In diesem Kapitel hast du gelernt:

1. Eine gute Kommunikation ist das Salz in jeder Beziehung.

2. Du-Botschaften sind Angriffe, Ich-Botschaften sind Aussagen.

3. Gewaltfreie Kommunikation kann Wunder wirken.

4. Rede respektvoll mit und über den Partner / die Partnerin.

*Ich brauche sehr viel Liebe – ich will geliebt werden und Liebe schenken.*

Audrey Hepburn

# 9. Wie du dich geliebt fühlst

Nicht jeder Mensch hat die gleichen Bedürfnisse. Manche stehen total auf Berührung, Umarmungen, Streicheleinheiten, andere hören lieber schöne Worte oder lesen fantasievolle Liebesbriefe.

Was brauchst du, damit du dich geliebt fühlst? Gary Chapman hat dazu die fünf Sprachen der Liebe definiert.

**a) Lob & Anerkennung**

Gehörst du zu denen, die gerne gelobt werden? Die sich geliebt fühlen, wenn sie vom Partner Komplimente und Anerkennung bekommen? Hilfst du gern und freust dich, wenn dir Dankbarkeit entgegen gebracht wird?

**b) Zweisamkeit**

Geniesst du die Zeit zusammen? Brauchst du nichts weiter, als zusammen Zeit zu verbringen? Vielleicht nur zusammen auf dem Sofa sitzen und sich unterhalten? Einen Spaziergang unternehmen? Oder regelmässiges Telefonieren, wenn einer der Partner viel unterwegs ist?

### c) Geschenke

Bist du jemand, der sich nur richtig geliebt fühlt, wenn es Geschenke gibt? Ein Ring, eine Urlaubsreise, ein Blumenstrauss? Kann man dein Herz gewinnen mit Geschenken?

### d) Hilfsbereitschaft

Hilfst du gern? Fühlst du dich so richtig geliebt, wenn dich dein Partner um etwas bittet? Wenn du ihn unterstützen kannst?

### e) Zärtlichkeit

Wirst du gerne berührt? Magst du es, wenn dir dein Partner über den Rücken streicht? Oder seine Hand auf deinen Oberschenkel legt? Beim Spazierengehen deine Hand hält? Ist dir körperliche Nähe wichtig?

Die meisten Menschen haben eine bevorzugte Sprache der Liebe. Welches ist deine Sprache? Und wenn du einen Partner / eine Partnerin hast, welches ist seine / ihre bevorzugte Sprache der Liebe? Das lohnt sich, frühzeitig herauszufinden.

**Zusammenfassung Kapitel 9**

Du hast in diesem Kapitel gelernt:

1. Es gibt 5 Sprachen der Liebe.

2. Nicht jeder braucht das gleiche, um sich geliebt zu fühlen.

3. Wie ich Liebe ausdrücke, hängt davon ab, was mein Partner / meine Partnerin braucht.

4. Die meisten Menschen haben eine bevorzugte Sprache der Liebe.

*Hindernisse und Schwierigkeiten sind Stufen,
auf denen wir in die Höhe steigen.*

Friedrich Nietzsche

# 10. Hindernisse auf dem Weg zur Traumpartnerschaft

Wenn du dich aufmachst, deine Traumpartnerschaft zu erschaffen, dann werden unterwegs einige Hindernisse und Schwierigkeiten auftauchen. Es wird vielleicht nicht auf Anhieb klappen und wahrscheinlich wirst du Fehler machen und daraus etwas lernen. Doch wir können dir versprechen, wenn du dich einsetzt und das Wissen aus diesem Buch einsetzt, hast du gute Chancen, eine wirklich traumhafte Beziehung aufzubauen. Warum können wir das wissen? Weil wir es selbst bereits so gemacht haben und es bei uns geklappt hat. Und wenn wir das können, kannst du das auch!

## 10.1 Neid und Missgunst

Am besten erzählst du niemandem, was du vorhast. Mach es einfach, ohne darüber zu reden. Warum? Weil das sofort Neid und Missgunst hervorrufen wird. Deine besten Freunde wollen dich vielleicht gar nicht unterstützen, denn wenn du eine Freundin hast – und irgendwann deine Traumpartnerin – dann wirst du weniger für sie verfügbar sein. Das heisst, deine besten Freunde könnten dich verlieren, wenn du eine Partnerin hast, sie werden das also verhindern wollen.

Sie werden dir das vielleicht ausreden. Vielleicht fragen sie dich: «Warum glaubst du diesen beiden, die dieses Buch geschrieben haben? Bei dir ist das doch bestimmt ganz anders.» Solche Sätze wirst du zu hören bekommen, wenn du mit deinen Freunden darüber sprichst. Das ist leider normal.

## 10.2 falsche Vorbilder

Vielleicht hast du in deinem Umfeld auch Menschen, die ganz genau wissen, was das Beste für dich ist. Oft sind es gute Freunde, welche die besten Tipps für dich haben. Dabei würden wir dir aber empfehlen: Höre auf Menschen, die bereits dort angelangt sind, wo du hinwillst. Wenn du auf deine Single-Freunde und deren Beziehungstipps hörst, dann kannst du von denen nur lernen, wie man Single bleibt. Das können sie. Dazu können sie dir Tipps geben. Wenn du aber eine erfüllende Beziehung möchtest, solltest du auf jene hören, die bereits eine erfüllende Beziehung haben.

## 10.3 Ratgeber und Zeitschriften

Du kannst natürlich Beziehungstipps aus Zeitschriften und Büchern lesen. Aber hier gilt: Prüfe, wer dir diese Tipps gibt! Frage dich, wer das ist, der dir diese Tipps gibt. Sind diese Autoren in einer glücklichen Beziehung? Oder sind sie frisch getrennt?

Nur wenn es um die Kommunikation zwischen Mann und Frau geht, dann darfst du so viel wie möglich darüber lesen. Das ist einer der entscheidenden Punkte in jeder Beziehung.

## 10.4 Partnervermittlungen

Vielleicht ist ja dieser Weg der passende für dich. Auf solchen Portalen sind oft die Fragebogen sehr gut. Du musst dir dabei sehr genau darüber im Klaren sein, wer du bist und was du willst. Nur leider kannst du nicht beurteilen, wie gut die Selbstbeurteilungen der anderen Teilnehmer auf diesem Portal sind. Vielleicht ist dir beim Lesen dieses Buches auch schon aufgefallen, dass dieses Thema tiefgründiger ist, als es auf den ersten Blick scheint. Darum denken wir, dass unser Weg der bessere ist. Du musst zuerst genau wissen, was du willst. Dann wirst du auch ganz einfach herausfinden, wo du einen passenden Partner / eine passende Partnerin findest. Und dann steht dir nichts mehr im Weg zu einer traumhaften Partnerschaft.

**Zusammenfassung Kapitel 10**

In diesem Kapitel hast du gelernt:

1. Neid und Missgunst sind gefährlich.

2. Lerne von denen, die da sind, wo du hinwillst.

3. Prüfe stets die Kompetenz deiner Ratgeber.

4. Wer selbst keine glückliche Beziehung führt, kann keine Beziehungstipps geben.

*Nicht die Glücklichen sind dankbar, es sind die Dankbaren, die glücklich sind.*

Francis Bacon

# 11. Die Magie der Dankbarkeit

Bevor wir nun zum Ende dieses Buches kommen, möchten wir dir noch eine Übung vorstellen, die unser Leben total verändert hat. Führe ein Dankbarkeitstagebuch.

Dankbarkeit ist etwas Wunderbares. Wenn dir etwas Gutes zufällt im Leben, dann sei dankbar dafür. Kennst du dieses schöne Gefühl, dankbar zu sein? Wie sich das anfühlt im Körper? Tatsächlich hat dies Auswirkungen nicht nur auf die Seele, sondern auch auf deinen Körper. Deine Muskeln können entspannen, du kannst tief durchatmen und fühlst dich glücklich.

Dankbarkeit kostet nichts und bringt doch so viel. Nicht nur dir selbst, sondern auch anderen. Denn wenn dir jemand etwas schenkt und dafür deine Dankbarkeit bekommt, ist dieser Jemand auch glücklich.

Deshalb nimm dir jeden Abend ein paar Minuten Zeit (5 – 10 Minuten reichen), um auf den Tag zurückzublicken und dir aufzuschreiben, wofür du dankbar bist. Wenn du einen beruflichen Erfolg hast, sei dankbar dafür. Wenn du dir Zeit für dich genommen hast, sei dankbar dafür. Vielleicht hast du trainiert und deinem Körper etwas Gutes getan, dann sei dankbar dafür. Vielleicht hast du dir einen neuen

Haarschnitt gegönnt, dann sei dankbar dafür. Oder du hast dir etwas Gutes gekocht.

Sei auch für die vermeintlich kleinen Dinge dankbar. Sei dankbar, dass du gesund bist, dass du am Morgen erwacht bist, dass du eine schöne Wohnung hast, dass die Sonne dich gewärmt hat, dass deine Blumen auf dem Balkon blühen. Was auch immer du findest… schreibe jeden Abend 5 Dinge auf, für die du dankbar bist.

## Wozu das Ganze?

Dadurch, dass du dankbar bist, konzentrierst du dich auf Dinge, die dir gut tun. Und worauf du dich konzentrierst, das wird grösser. Wenn du also jeden Abend auf den Tag zurückblickst und dankbar dafür bist, dann wandelt sich dein Leben automatisch zum Besseren. Du schwingst auf einer höheren Frequenz und ziehst mehr Dinge in dein Leben, für die du dankbar bist.

Zudem fällt es vielen Menschen schwer, zu erkennen, was ihnen alles schon gelungen ist in ihrem Leben. Wenn du jeden Tag zurückblickst und dankbar bist für Dinge und Situationen, die dir guttun, umso eher wirst du auch erkennen, wenn du deine Ziele erreicht hast.

Dankbarkeit und Liebe werden mehr, wenn sie geteilt werden!


**Zusammenfassung Kapitel 11**

In diesem Kapitel hast du gelernt:

1. Dankbarkeit und Liebe vermehren sich, wenn sie geteilt werden.

2. Dankbarkeit zieht mehr vom gleichen an.

3. Ein Dankbarkeitstagebuch kann Wunder wirken.

4. Dankbar zu sein, hilft zu erkennen, wenn ich ein Ziel erreicht habe.

*Stelle dir jeden Morgen diese drei Fragen:*
*Was ist gut in meinem Leben?*
*Worüber kann ich glücklich sein?*
*Wofür kann ich dankbar sein?*

Henry David Thoreau

# 12. Suche dir Unterstützung auf deinem Weg

Du kannst natürlich alleine deinen Weg gehen, aber es hat sich gezeigt, dass es schneller und einfacher geht, wenn du jemanden an deiner Seite hast, der dich unterstützt und dich wieder auf Kurs bringt, wenn du dein Ziel aus den Augen verlierst.

Vielleicht bist du froh, wenn du jemanden hast, der dich immer wieder aufs Neue motiviert und dir hilft, dranzubleiben und deinen Traum zu verfolgen, bis du ihn verwirklicht hast? Wir haben bereits im Kapitel 10 darüber gesprochen, dass du dir Hilfe holen sollst von Menschen, die bereits dort sind, wo du hinwillst.

Wir sind nun seit 25 Jahren ein Paar und haben die meisten Fehler gemacht, die man in Beziehungen machen kann. Wir waren ein paar Mal kurz davor, alles hinzuwerfen und uns zu trennen. Doch weil wir im Laufe unseres Lebens immer wieder Coaches an unserer Seite hatten, haben wir das nicht getan, sondern an uns und unserer Beziehung gearbeitet.

Heute bekommen wir Komplimente dafür, wie wir auf andere wirken. «Ihr seht immer so glücklich aus», sagen die Menschen zu uns. «Wie macht ihr das nur?»

Wir haben immer wieder Hilfe geholt, wenn es schwierig wurde, haben uns coachen lassen und an uns gearbeitet. Und nun bieten wir diese Hilfe auch anderen an, teilen unseren Erfahrungsschatz mit Menschen, die auch eine so glückliche Beziehung haben möchten.

## 12.1 Dein Impulsgespräch

Wir möchten, dass du ebenfalls eine glückliche Beziehung aufbauen kannst. Und weil wir an dich glauben, haben wir ein fantastisches Geschenk für dich. Wir möchten, dass du dein Ziel erreichst und deshalb schenken wir dir eine Stunde unserer Zeit. Wir treffen uns mit dir in einem Zoom-Raum für ein kostenfreies Impulsgespräch.

In diesem Impulsgespräch sprechen wir darüber, wo deine Schwierigkeiten liegen und wie du sie überwinden kannst. Wir sprechen darüber, wie du deine Traumbeziehung erschaffen kannst. Wir sprechen darüber, was du in der Vergangenheit über Beziehungen gelernt hast und was du in Zukunft anders machen kannst. Und wir finden gemeinsam heraus, wo du vielleicht noch an dir arbeiten könntest, um selbst ein Traumpartner / eine Traumpartnerin zu sein.

Wenn es dir also ernst ist damit, eine traumhafte Beziehung aufzubauen, dann lass uns das zusammen in die Tat umsetzen. Der erste Schritt ist es, dieses kostenfreie Impulsgespräch zu reservieren.

Du findest es im Internet unter:

**www.beziehungsakademie.online/impulsgespraech**

Dort findest du einen Kalender, wo dir die freien Gesprächstermine angezeigt werden. Klicke auf den für dich passenden Termin und beantworte ein paar grundlegende Fragen. Dann werden wir dir per E-Mail die Einladung zum Zoom-Gespräch zusenden.

Bitte sei dir bewusst, dass unsere Zeit knapp bemessen ist und wir nur wenige Termine für diese Impulsgespräche anbieten können. Vielleicht entschliessen wir uns auch plötzlich dafür, dieses Impulsgespräch nicht mehr kostenfrei anzubieten.

Deshalb nutze deine Chance jetzt und reserviere dir jetzt gleich einen Termin.

Wir freuen uns auf dich.

## Susana & Markus Kessler

Susana und Markus Kessler sind ausgewiesene Beziehungsexperten und helfen Menschen, eine glückliche Beziehung aufzubauen und zu erhalten.

Durch eigene Krisen lernten sie, worauf es in einer Partnerschaft ankommt. Sie fanden heraus, wie sie in Krisenzeiten wieder zusammenfinden können und sich als unbesiegbares Team jeder Krise entgegenstellen können. So erschufen sie sich eine glückliche Partnerschaft, in der sie sich Freunde, Liebhaber und Business-Partner geworden sind.

In vielen Aus- und Weiterbildungen bei den besten Experten in der Schweiz, Deutschland, Grossbritannien, Kanada und Amerika haben sie sich einen riesigen Wissensschatz angeeignet. Seit zehn Jahren helfen sie nun mit ihrer Expertise anderen Paaren, eine harmonische und stabile Beziehung aufzubauen.

Sie sind seit 25 Jahren verheiratet und immer noch glücklich.